DECLARATION
DV ROY,
CONTRE LE DVC
DE
MONTMORANCY.

A PARIS,
Par P. METTAYER, Imprimeur
ordinaire du Roy.
M. DCXXXII.

Auec Priuilege de sa Majesté.

DECLARATION DV
Roy contre le Duc de Montmorancy.

OVYS par la grace de Dieu Roy de France & de Nauarre : A tous ceux qui ces presentes lettres verront , Salut. Noſtre Frere le Duc d'Orleans ayant eſté ſi oſé que d'entrer en armes dedãs noſtre Royaume , auec des troupes eſtrangeres , publier des placarts contre noſtre Gouuernement & noſtre reputation. Donner des Commiſſions pour faire des leuées de gens de guerre, ſe declarer noſtre Lieutenant Ge-

A ij

neral, non seulement sans nostre con-
sentement, mais contre nostre volonté : & enfin entreprendre ouuertemét
cont:e Nous, nostre Estat, nos villes &
nos subjects, les prenant à rançon . &
exerçât par tout ou il a passé tous actes
d'hostilité & d'inhumanité, cóme vn
chacun sçait : Nous aurions esperé
qu'aucun de nos subjets n'adhereroiét
à de si pernicieux desseins : mais au contraire que tous y resisteroient auec au-
tát de courage & de fidelité que nous
nous en pouuions promettre, & parti-
culierement les grands & principaux
Officiers de nostre Royaume, ausquels
ayans confié & commis le Gouuerne-
mét de nos Prouinces & places : Nous
aurions ordóné de faire toute diligen-
ce pour contenir & confirmer nos villes & nos peuples en leur deuoir : S'op-
poser aux passages de nostredit Frere,
& empescher par ce moyen que les

vns & les autres n'en receuſſent le prejudice & la ruine qu'ils en ſouffrent, à
noſtre grand regret : ce qui fuſt arriué
indubitablement, ſi le Duc de Montmorancy, Mareſchal de France, Gouuerneur, & noſtre Lieutenant general
en noſtre Prouince de Languedoc,
perdant la memoire des bons, v.tiles
& fauorables traictemens que nous
luy auons touſiours faicts, ne ſe fuſt
oublié iuſques à ce point que d'ap-
peller noſtredit Frere en Languedoc,
ſelon que de long temps il l'auoit pro-
jetté & negotié : ce qu'il a faict auec
tant de malice, que non contant d'a-
uoir faict reuolter les villes de Ba-
gnolz, Beſiers & Lunel ; les Cha-
ſteaux de Beaucaire & Daletz, & autres places de moindre conſideration,
d'aucunes, deſquelles il a faict fermer
les portes à nos trouppes, comman-
dées par noſtre Couſin le Mareſchal

de la Force, lefquelles nous aurions re-
tirées de nos armées de Lorraine &
d'Allemaigne, & enuoyées apres no-
ftredit Frere, pour l'obliger à reue-
nir à fon deuoir, & auoir recours à
noftre bonté, comme au feul falut
qu'il pouuoit efperer dans fa mauuai-
fe conduitte: Il a tafché de corrom-
pre les principaux de la Nobleffe, &
toutes les meilleures places de la Prouince, qui ont courageufement refifté
à fes follicitations ouuertes, & diffipé
fes menées fecrettes, mefmes les villes de la Religion pretenduë Refor-
mée, qui fatisfaites de la douceur de
noftre Gouuernement, & de l'execution de nos promeffes, ont fçeu fi fidel-
lement s'y oppofer, que nous auons
tout fubjet d'en eftre content, & de
continuer à les traiter fauorablement,
comme nous fommes refolus de faire,
& le ferons toufiours, conformément

à nos Edicts: Et quoy que ledit Duc
de Montmorancy ait pris des sommes
notables de Nous, pour faciliter l'e-
stat de nos affaires en ladite Prouince, il a espandu tous les faux pretextes
qu'il s'est peu imaginer sur ce subject,
pour tascher de la faire sousleuer, cô-
me si nous eussions desiré sa ruine, au
lieu du soulagement que nous auons
tousiours voulu & voulons luy pro-
curer. Il a pratiqué partie des Prelats,
Barons, & Deputez des Estats, intimi-
dé & forcé les autres qu'il cognoissoit
estre contraire à ces mauuais desseins,
iusques à leur oster la liberté de sortir
de Pezenas ou ils estoient assemblez,
que premierement ils n'eussent reso-
lu & signé contre leur gré ce qu'il
desiroit. A arresté prisonniers ceux
de nostre Conseil que nous auions deputez pour Commissaires en ladite
assemblée, sans lesquels il ne pouuoit

traitter ny negocier aucun affaire en
icelle, ny l'authoriser du nom d'Estats.
A extorqué vne grande somme d'argent de l'vn d'iceux, qui s'estant retiré
dudit lieu de Pezenas, si tost qu'il sceut
que ledit Duc auoit faict arrester vn
Courrier, par lequel il nous donnoit
aduis de ses deportemés, ny fust pas re-
tourné s'il ne luy eust donné sa foy &
sa parole qu'il ny receuroit aucun des-
plaisir. A mesmes retenu en suitte de
la closture de ladite asséblée, l'Arche-
uesque de Narbonne Presidét d'icelle,
parce qu'il auoit tousiours esté formel-
lement contraire à ses detestables desseins & cétribué tout ce qu'il auoit peu
pour côfirmer ceux de la ville de Narbonne en leur deuoir, duquel ils ont
d'eux mesmes esté si jaloux, que rien ne
sera iamais capable de les en destour-
ner. Il a de plus non seulement erré de
longue main, & depuis leué des gés de
guerre

guerre tant de cheual que de pied en ladite Prouince, & autres circonuoi-sines, mais aussi recherché le secours & assistance des Princes estrangers nos voisins, enuoyant l'vn de ses do-mestiques en Espagne auec le sieur du Fargis pour auoir secours d'homme & d'argent : ce qui est d'autant plus execrable qu'au mesme temps qu'il meditoit & commettoit tous ses cri-mes, il nous donnoit toute asseuran-ce de sa fidelité par diuers courriers qu'il nous despechoit à cette fin. Or parce que nous serions responsables deuant Dieu, si au prejudice de nostre Estat, & du repos de nos sujets, nous laissions vne si lasche & si noire infi-delité impunie. A CES CAVSES, De l'aduis de nostre Conseil, où estoient aucuns Princes, Officiers de nostre Couronne, & autres grands & nota-bles Seigneurs : NOVS auons par ces

preſentes ſignees de noſtre main, &
de noſtre pleine puiſſance & authori-
té Royale, dit & declaré, diſons &
declarons, confirmant nos Declarations cy-deuant faites contre ceux
qui ont ſuiuy noſtredit Frere dés le
30. Mars de l'annee derniere, & autres
qui ont depuis eſté expediees. Ledit
Duc de Montmorancy Mareſchal de
France, Gouuerneur & noſtre Lieutenant general en Languedoc, crimi-
nel de leze Majeſté, décheu de tous
grades, dignitez & honneurs. La
Duché de Montmorancy eſteinte &
reünie à noſtre Couronne, & toutes
& chacunes les autres terres, Seigneu-
ries, & biens mobiliers & immobi-
liers à nous acquiſes & confiſquees.
Voulons que ſon procez luy ſoit fait
& parfait ſelon la rigueur de nos Ordonnances & Declarations, à la dili-
gence de noſtre Procureur general

en noftre Cour de Parlement de To-
lofe, à laquelle entant que befoin fe-
roit nous en auons attribué toute
Cour, Iurifdiction & cognoiffance,
& icelle interdite à toutes autres,
nonobftant le priuilege de Pairie ou
autres que l'on pourroit alleguer, dót
nous l'auons declaré indigne & def-
cheu : caffons & annullons en outre
tout ce qui s'eft fait & paffe en l'affemblee des Eftats tenus à Pezenas, &
fpecialement les deliberations & re-
folutions de ladite affemblee des
comme
faites fans pouuoir par force & contre noftre authorite. Ordonnons
que tous les Prelats, Barons, Confuls
& Deputez des villes qui ont affifté
aufdites deliberations, y ont figné ou
confenty, feront tenus quinze iours
apres la publication des prefentes de
fe prefenter à noftredite Cour de Par-

B ij

lement de Tolose, ou au plus pro-
chain Presidial de leur demeure; &
presenter Requeste en ladite Cour ou
audit Presidial pour estre receus à
desaduoüer tout ce qui a esté fait,
consenty ou signé par eux en ladite
assemblee, & declarer qu'ils le reuoc-
quent & s'en departent, & pro-
mettent de n'y consentir ny adhe-
rer, & de viure & mourir dedans l'o-
beïssance, fidelité & subjection qu'ils
nous doiuent. Et à faute de satis-
faire dedans ledit temps aux presentes, Nous declarons tous lesdits Prelats, Barons & Consuls, rebelles &
criminels de leze Majesté, decheus de
tous honneurs & dignitez: le tiltre de
leur Baronnie esteint, & priuez pour
iamais du priuilege d'auoir entree &
voix deliberatiue aux Estats de ladite
Prouince, à cause de leursdites terres
& Baronnies que nous nous reseruós

de conferer & transferer à qui & ainfi
que bon nous femblera, pour confer-
uer les priuileges de ladite Prouince.
Et au regard des Confuls des Villes
qui ont figné & confenty lefdits
actes, lefquels ne fatisferont à fefdites
prefentes, outre les peines cy deffus,
les declarons decheus de leur Confu-
lat; & ordonnons aux villes & Diocefes ledit temps paffé proceder à
nouuelle election de Confuls en leur
lieu. Faifons pareillement defenfes
aux Commiffaires des affiettes des
Diocefes, de faire aucun departement
ny impofitions de deniers en vertu
des declarations de ladite affemblee
pour quelque caufe que ce foit. Aux
Collecteurs d'en faire la leuce, & aux
Receueurs particuliers defdits Diocefes, & Receueurs generaux de ladite
Prouince d'en faire la recepte, à peine
de confifcation de corps & de biens.

Sɪ ᴅᴏɴɴᴏɴs ᴇɴ ᴍᴀɴᴅᴇᴍᴇɴᴛ à nos amez & feaux Conseillers les gés tenans nostredite Cour de Parlement de Tolose, que nos presentes Declarations ils ayent à faire lire, publier & enregistrer, & le contenu cy dessus garder, obseruer, & executer de point en point, faisant proceder contre les coulpables par les voyes y specifiees, & selon les rigueurs portees par nosdites Ordonnances & Declarations, sans delay ny intermission. Eɴɪᴏɪɢɴᴏɴs à cét effet à nostre Procureur general en nostredite Cour, de requerir & faire les poursuites sur ce necessaires, & nous y tesmoigner ses diligences. Ensemble à tous nos Lieutenans Generaux, Gouuerneurs de nos Prouinces, Iusticiers, Officiers & Sujects, de prester main forte & assistance pour l'execution de nostre volonté, & des Arrests qui seront rendus en

noſtredite Cour, à peine de deſobeïſ-
ſance. CAR tel eſt noſtre plaiſir. En
teſmoin dequoy nous auons faict
mettre noſtre Seel à ceſdites preſentes. DONNE' à Coſne le 23. iour
d'Aouſt l'an de grace 1632. & de noſtre regne le vingt-troiſieſme.

Signé,   LOVIS.

Et plus bas; Par le Roy,

PHELIPEAVX.

*Et ſeellée du grand ſeau de cire iaune
ſur ſimple queuë.*